Irmgard Stachelhaus . Du Gott der Kreisenden um eine Mitte

Irmgard Stachelhaus

1929 in Rösrath geboren
erlernte zunächst den Beruf der Handweberin, später den
der Chemielaborantin.
Aus der Spannung zwischen Wunsch und Notwendigkeit
resultierte dann nach Jahren der Arbeit im technischen
Bereich die Rückkehr zum Textilen - nun aber zum
Bildweben, zu ihrer ganz eigenen künstlerischen Aussage,
der freien Komposition von Tapisserien.
Später kam Malerei dazu. Beides konnte sie, seit 1979
freiberuflich tätig, in zahlreichen Einzel - und
Gruppenausstellungen zeigen.

Parallel dazu, jedoch nicht aufeinander bezogen,
entstanden und entstehen Gedichte und meditative Texte,
so auch die hier vorgestellten Meditationen.

Weitere Veröffentlichungen:

Gesungen gegen die Nacht, Psalmmeditationen
Bernardus Verlag Langwaden 1999

Mantel aus Wind, Unterwegsgedanken
Edition Isele, Eggingen 2001

Impressum
© **Irmgard Stachelhaus 2016**
Verlag Tredition GmbH, Hamburg
Illustrationen: Irmgard Stachelhaus

Paperback: ISBN 978-3-7345 4133-9
Hardcover: ISBN 978-3-7345 4134-6

Irmgard Stachelhaus

DU GOTT DER KREISENDEN UM EINE MITTE

Meditationen um Sein und Werden
Betende Betrachtungen

Sehnsucht ist Zukunft
ist immer voraus
ist die Suche nach Bergung
nach dem innersten Haus.

Denen, die aufbrechen

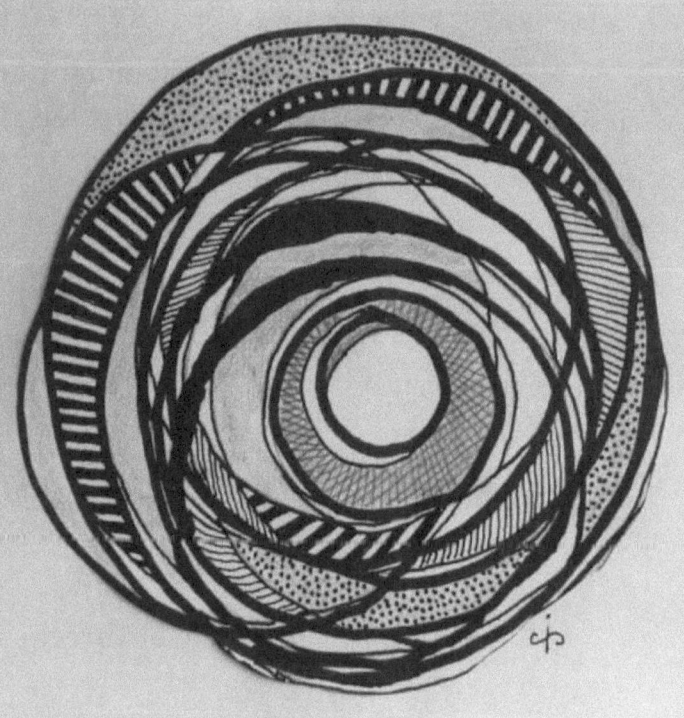

Zum Geleit

Der Kreis, Symbol der Ganzheit und Vollkommenheit, und nun dieses Runde als Thema von Meditationen, die ja immer auch Konzentrationen sind. Also die Hinführung zu einem Zentrum, zum Mittelpunkt allen menschlichen Seins.

Um diese Mitte, tief in mir selbst, bewege ich mich ständig - bewusst oder unbewusst- im nahen oder weiteren Abstand. Mit dem Motor meiner Sehnsucht ziehe ich meine Kreise. Die Schöpfung geht weiter – in einem jeden Geschöpf und die anziehende Kraft, diese heimholende Energie ist der Schöpfer allen Lebens, ist Gott selbst.

Wo also sollte ich anders hingehen wollen, als an den Ort, der mein eigen ist, der mir verheißen, der mir schon immer gehörte?
Kreisen, diese sich ständig wiederholende Bewegung, ist Annäherung und damit auch Erkennen und Erhellen. Ist Sehen, was in mir ist. Es liegt alles offen und greifbar bereit. Ich muss also weder einen Koffer packen noch ein Ticket erwerben für dieses endgültige Ziel. Womit nichts gegen das Reisen gesagt ist, aber etwas für das Kreisen, das durchaus auch am anderen Ende der Welt in mir geschehen kann.

Wenn in den Meditationen immer wieder der Begriff der Weite als das zu erstrebende aufscheint, so ist damit nicht die Ferne, sondern ganz entgegengesetzt die Nähe zu mir selbst im Wachsen und Reifen gemeint. Zu diesem Weg möchten die Meditationen hinführen und den Suchenden, den Lesenden begleiten.

Irmgard Stachelhaus

Es könnte wohl noch einmal alles neu beginnen
mit fest geschnürten Schuh'n
und klarem Blick
mit Schritten
die mir nicht im Sand zerrinnen
und die verweigern ein Zurück.

Stationen des Vergessens würden wieder wach
das Ungesagte sagend als ein Traum
ein Blätterflüstern leiseleis
an all des Unerkannten Saum.

Es könnte wohl...
die wirren Fäden reißen
nur einzeln geben sie sich hin
an dies Geflecht
ich will es Leben heißen
das mir im Werden schon verspricht
ich bin.

Ich bin so offen
so gelehrig
wie du die Nadel führst
mit deinem Zwirn.

So sprichst du
doch die Hände fügen widerspenstig
was mir schon je geschrieben schien
auf meine Stirn.

Dem, der mich über dich befragt
will ich dich so beschreiben
als eine Öffnung in der Härte einer Wand
als Wagnis, das mich Fürchtenden erfand
um sich wie in ein weiches Silber einzutreiben.

Und deine Hände, sag ich, sind sehr groß
ich sehe sie vor mir wie Schalen
die überfließen schwarz und schimmernd rot
sie zeichnen eine jede Nacht mit Tod
und schmücken alle Morgen mit Opalen.

Doch Gold von deinem Gold
das gibst du nur den Armen
die sich verbrauchen ohne irgend einen Schein
als Bild für Hungrig - und für Durstigsein
vor einer weißen Wand aus Nur - Erbarmen.

Dem, der mich über dich befragt
kann ich dich so beschreiben
als einen Weg, auf dem ich lang' als Blinder ging
bis dass mein Tasten sich in deiner Hand verfing
und du mich ludst zu sehen und zu bleiben.

Ist da noch immer dieses Kind in mir
das sich verirrt hat und den Weg nicht findet
Erinnerung sagt nur, es war einmal
und es war schön
so eingefasst zu gehen zwischen
und neben denen, die es wussten
und man war klein genug
für dieses enge Tal.

Doch was mir blieb
es weiß doch noch zu singen
in diesem Wald, dem dunklen, ungewissen
weiß noch der Mutter sanftes Lied.
Und manchmal wie im Märchenland
pflückt es am Rand
die Blume Tausendtrost
verliert sie wieder.

Greift in die Luft
nach dieser einen großen Hand.

Das Kind in mir.

Soll ich das Leiden lernen
wie ein schwarzes Alphabet
Letter um Letter in den Kopf gestanzt
zu buchstabieren, wie man Hartes kaut
das große JA
als ob ein neuer Himmel blaut

wie wenn ein neuer Himmel blaut
und alte Brunnen wieder rauschen
zu schöpfen, ach, mit dieser leeren hohlen Hand
ein Wasser, das noch keinem glich
und jenen Stern, erneut darin gespiegelt
der mir, ach, so jäh verblich.

Kann ich das Leiden lesen wie ein Buch
die Blätter schwer von ungetümen Sätzen
und Hieroglyphen, die es nur in Rätseln sagen
dunkel verhüllt und ungefähr.

Ich muss es lernen wie die ferne Sprache
die zu mir kam von weit, ganz ungefragt
so bodenlos wie eine Brache
wie eine Wörterbürde, die mir nicht behagt.

Die Schultern schwer
so endlos scheint die Straße
der müden Füße vorbestimmtes Geradeaus
doch einmal wird - sie weiß es
ja, sie weiß es
die Sehnsucht - ist mir weit voraus.

Alles quillt aus deinen Händen
kommt und geht dort ein und aus
und ich werde es niemals vollenden
betend und flehend nicht, dieses Haus
ist es doch immer neu mein Anfang
immer wieder der erste Stein
den ich oft genug zögerlich füge
in dein ewiges Sein.

Mein Werk in deines?
Ist doch nichts so gewollt und gemacht
wie mein unwissender Wille
sich in deinen gedacht.
Dein ewiges Schöpferwort ES WERDE
spricht sich aus in den Schlaf und den Stein
trägt und prägt sich in jegliches Ruh'n
als die alles umfassende Gebärde

die sagt: Ich werde es tun
ich hole dich heim aus der Fremde
nichts soll verloren sein
und du wirst der, den ich sende
in jedweden Trug und Schein
dein Wort von meinem Worte
ist Brot und Waffe genug
zu bestehen an jedem Orte

wie die Schwalbe den fernsten Flug.

Seltsamer Garten
so sah ich es nie
wo die Dornen blühen
und ich sehe, wie sie sich mühen
nicht aufzugeben
was sie von den Rosen entliehen.

Und sind nicht gesät und nicht gezüchtet
ist nur das große JA
zu dem, was als bitteres Mahl
einem angerichtet
der das Leiden von innen sah
der über allem Kämpfen und Mühen
der Not vergeblicher Tat
 ihn fand: den einzigen Pfad
aus dem Dunkel ins Licht zu ziehen
dorthin, wo die Dornen blühen.

Schmerz, du Verachteter, Geringer
ich weiß von dir nur deine schwere Hand.
Wenn sie die schmale Pforte öffnet
zu deinem stählern harten Zwinger
dann spür ich nichts mehr außer mir und dir.
Den vielen, die dich aber fliehen, giltst du nichts
sie wissen wie man deine Töne dämpft
und legen laut auf dich den Zeigefinger.

Du aber kommst mit immer kühneren Gesichtern
wie man sie tragen muss in Kampf und Streit
und bist Verteidiger
und einer von den Richtern, die bereit
ihr Urteil immer neu zu wählen.
Du bist der Lehrer, der das Buch von hinten auftut
und beginnst zu zählen, die Seiten, die noch nicht
gelernt.
Zuweilen, wenn ich dann von dir entfernt

als einer, der die Schulung von sich wies
seh' ich sie deutlich, deine Lichter
die immer dem als Preis gehören
der sich dir lassend überließ.

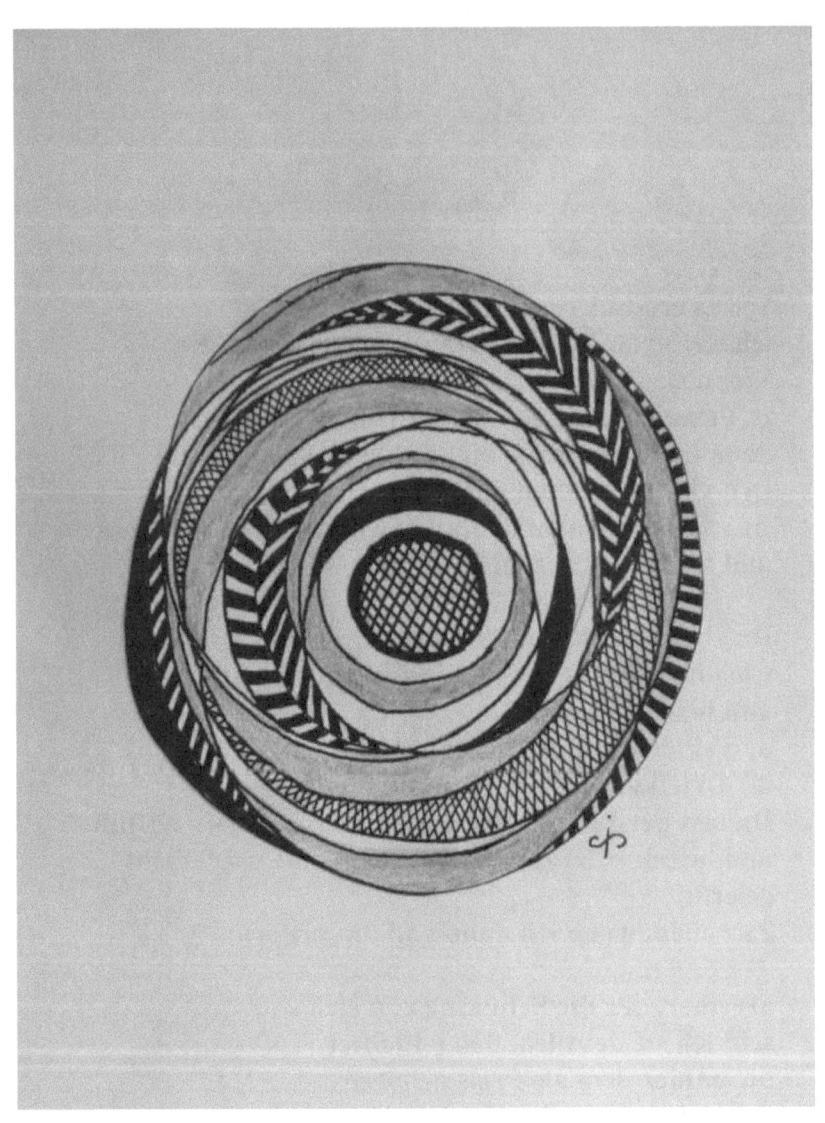

Das Glück ist nicht leicht zu haben
so sagen sie
doch ich weiß um das fassbare Wunder
in mir - tief in mir
manchmal begegne ich ihm - einfach so
und kein Finger ist ausgestreckt
begegne ihm Auge im Auge versteckt
in dir.

Und sorge mich um die Scheu
um das Wiederverlieren
doch du sagst es mir täglich neu
schreibst es in meinen Atem
in Ein und Aus:
Es ist immer schon da
und manchmal voraus
ich will es dir zeigen
dein Glück gehörte dir schon
bevor du es sah'st
Und es bleibt für immer dein eigen.

Die eine Hand und die andere Hand
vielleicht ist es deine und meine
dazwischen das siebenfarbige Band
verheißend gespannt wie die Leine

auf der man Gefühle festklammern kann
zum Beispiel die Liebe, geboten zum Tausche
und du musst nicht mehr fragen wie und wann
löst einfach die Klammern, schon wie im Rausche

und stehst plötzlich in einer heilen Welt
die schon immer war, nur verschüttet im Staube
aber sie weiß es, der sie in Händen hält
ist der Stärkere, widersteht jedem Raube

Und du gehst als der doppelt Beschenkte
getrost und gelöst in ein jedes
kommst aus dem nicht stattgefundenen Krieg
als der sicher Gelenkte

mit dem Bogen, dem Pfeil des Gebetes.

Mein täglicher Gang zur Quelle
ist das lebendige Brot
das mich nährt, ist die Stelle
wo vorher nichts wuchs, nur die Not

ist die Oase, wo jeder Zweig blüht
inmitten der wachsenden, wuchernden Wüste
ist der Handgriff, der sich müht
dass er die Karawane zum Aufbruch rüste

zum lechzenden, schleppenden Ziehen
aus dem beladenen Jetzt ins Nun
ist der zündende Funke, gnädig verliehen
zu allem künftigen Tun.

ist die Wegzehrung reichlich bemessen
kein Falsch und kein Fehl darin
ist das Manna niemals vergessen
mir, der ich ihn suche: den Sinn.

Zwischen dem Wollen und dem Erbringen
zittert mir oft die Hand
zwischen Aufbruch und Ankunft
liegt das mich ängstende Land

liegt das Meer und tosende Wellen
und am Strande verankert bereit
was mich tragen will über die Schwellen
widerstrebend dem Flusse der Zeit.

Und ist da nicht Siegel noch Segel
zu bestehen die große Fahrt
aber steht einer am Pegel
der das Wasser gemessen, gespart.

und wird plötzlich der Mast, der starke
in meinem schwankenden Boot
schläft mit dem Steuer in Händen
über meinen Ängsten, der Not

erhört mein Schreien und Rufen
gebietet dem Sturme, dem Meer
und ich erkenne sie nun, die Stufen
die er mich hoch trug so schwer

der mein fürchtendes Herz besiegte
wie jede Woge der tobenden Welt
seine Macht ist die ewig unbesiegte
die alles in sich beschlossen hält.

Selbstbildnis übergroß gezeichnet
mit dem Blindenstock in den Sand
und nun verwischt, verweht schon
von einer größeren Hand.

Der unbestechliche Stift der Nöte
der alles durchstrich, der mir kam
der wie ein Sturm mich überwehte
hinterließ ein anderes Gesicht.

Da ist nicht mehr Farbe noch Flitter
kein Bestaunen von irgendwoher
nur der arge Rest vom Gewitter
und sein verwüstendes Abbild so schwer

nur bracher Acker, Furche bei Furche
darüber ahn' ich des Sämanns Hand
und im Winde wehen die Samen
auf ein neugeschaffenes Land.

Und aus den Narben seh' ich sprießen
wie nach des Winters karger Stille
ein blühendes Überschießen
in dich, du formender rettender Wille.

Ich halte die Wahrheiten
die ich fand und verstand
in Händen, eine jede für sich
sie mit Ziel und Zweck zu verwenden.

Doch oft im Gebrauche verwirren sie sich
zu einem Gemenge, zu Knoten
sind auch diese mich leitende Stimmen
vernehme ich sie als Boten?

Ich sage Wahrheit und spreche von ihr
hab' ich sie doch genommen
aus des Lebens wechselnder Hand
je und je schenkend und wieder zerronnen

Nur eines blieb immer
und nun weiß ich, das ist sie:
dieses nicht zu zerreißende Band
zwischen dem unerreichbaren Himmel

und mir, zwischen Hinwollen
und es doch nicht vermögen
so stehe ich verlangend hier und jetzt
darüber aber dein unverrückbarer Segen -

zuletzt.

Es war ein märchenhaft seltsam Geschehen
ich trug mich selber fort
wie im Traum
war da nur ein leise vernehmbares Wehen
von Flügeln, die mir ein Engel lieh
die Füße blieben am Ort
begriffen es nicht, ihr Warten und Stehen
doch auch sie erfuhren es später irgendwie
und sie begannen zu tanzen.

Lag da schon lange schlafend in mir ein Lied
das eine Windharfe von weitem erriet
und sie wusste, wie man es macht
zu entreißen dies Tönen der Nacht.
So lud sie den Schlaf in ihre Saiten
und fing an zu begleiten
etwas, das noch nicht war
so geschah es wunderbar
es begann alles in mir zu singen.

Trug sich fort zu den stummen Dingen
und trägt es noch immerzu.
Ich wage es nun in die Welt zu tragen
wie der Wind in die Äolsharfe
es klingt, als hätte ich etwas zu sagen
was du - und du vielleicht noch nicht weißt:
ist da einer, der einst geschunden
und, so steht es im heiligen Buche
jetzt Immanuel heißt.

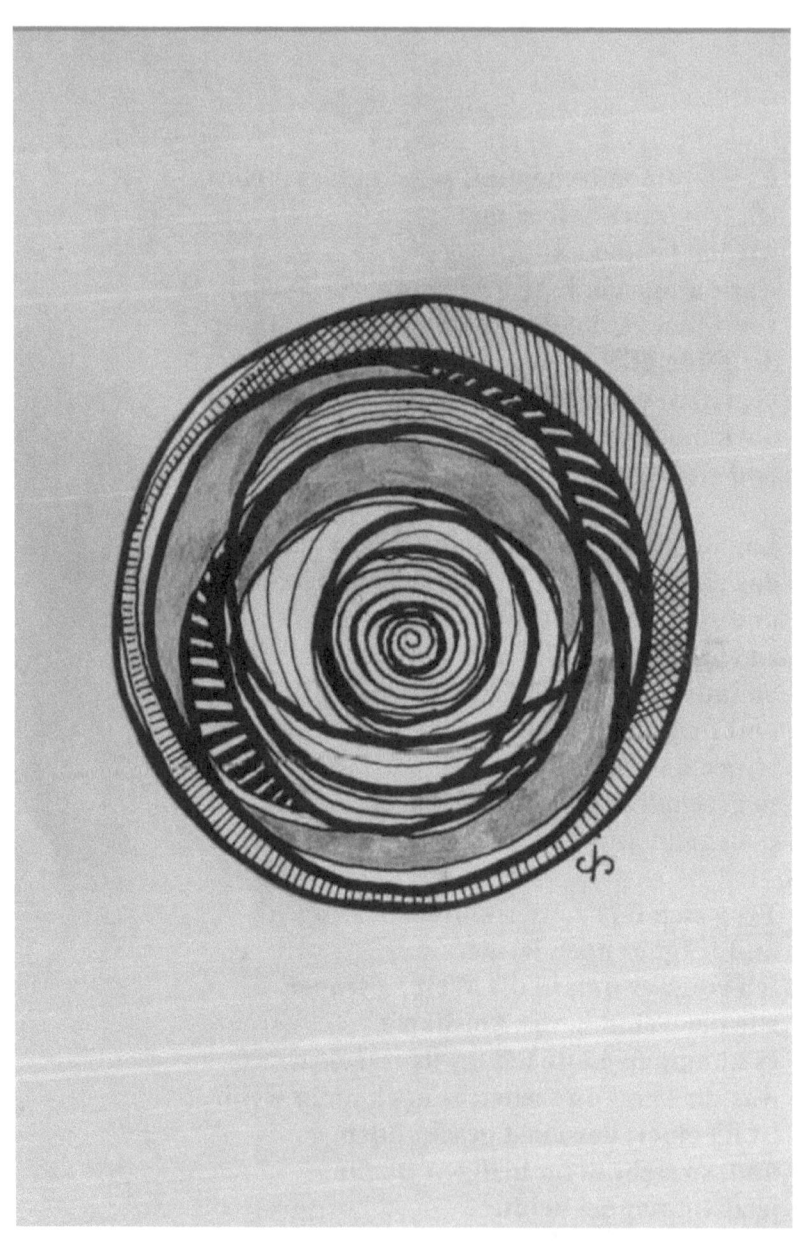

Ich öffne die Hände
und möchte sie fassen
die fliehende Wolke,
den verschwebenden Ton
und blicke doch nur auf die leeren Gassen
und meiner Arbeit elende Fron
wo nichts mir gehört
nur das Wünschen und Sehnen,

Nennt euren Namen mir, weite Terrassen
dass ich euch finde, sie deutlicher spür'
diese Dauer und Bleibe, von ewig verheißen
oft in Nächten seh' ich sie gleißen
die weit geöffnete Tür.
Und bin tags doch ein tappenderBlinder
an's Geländer mich klammernd
der Gewohnheit Verlass.

O, dass er mich wie ein Sturmwind erfass'
dieser Ruf von weit aus dem Äther
und kein Bestimmen und Sagen in mir
verschiebe den Aufbruch auf später.
O, sei ich gekettet an einen Stern
ich breite die Arme und weiß es
am Strand meiner Hoffnung wartest nur du
und von jetzt an sage ich wir.

Wo ist sie nur, die ersehnte Antwort
weißt du denn eigentlich, was du fragst.
Ist es das Warum einer Kerze
die im Rest ihres Wachses verglimmt
oder das Wozu deiner traurigen Scherze
das in irgendeinem trockenen Brunnen
ein lange vergessenes Lied anstimmt?

Nichts und niemand kann es erraten
die Lösung bist immer nur du
allein unterwegs zu den schlafenden Saaten
einst ausgeworfen in heiterer Ruh'
und nun im Dürsten bedrängt
wie der Brunnen, der leere
an dem nur der rostige Eimer noch hängt
zerfressen, in nutzloser Schwere.

Du wirst einige Stufen tiefer
den Grund deines Durstes betreten
Sand - nur Sand. Während die knorrige Kiefer
mit fallenden Nadeln um Leben ringt
wirst du den Mächtigen lechzend umbeten
und den Sieg, das lebendige Wasser
endlich schmecken in deinem Mund.

Die Stadt, die ich mir ständig baue
in der ich wohne und bin
ist, dass ich die Arbeit entlohne
um einen bleibenden Sinn.

Es geht nicht um Verschließen der Pferche
und nicht um Ehre und Ruf
ist wie der Gesang einer Lerche
doch Zeugnis von dem, der ihn schuf.

Ist auch keiner Münze Gewinn noch Opfer
und wird mir kein Stein überhöht
ist nur ein stiller, heimlicher Klopfer
der die Prüfung der Ecken und Kanten versteht

sie sanft ebnet und kundig behaut.
So wächst meine Stadt, Stein um Stein
bin ich es, der sie teuer und schmerzlich erbaut
um den Preis ihr eigen zu sein.

In ein Brett einen Nagel zu schlagen
das ist es, womit du beginnst.
Du tust es nicht um des Brettes willen
vielleicht wird es ja eine Bank
oder ein Stückchen von einem Tisch
an dem du einst sitzest und sinnst.

Nun siehst du, der Nagel ist viel zu klein
oder geriet er dir schief?
Jetzt ist es die Zange, die den Schlaf entfernt
in dem er zu lange schon schlief.
Denn die dir dienenden Dinge
müssen wach sein und tief.

So baust du beharrlich an einem Schiffe
das du selber doch warst und bist
gewachsen jeglichem drohenden Riffe
und der Einsamkeit lockender List
dich verführend in seichte Gewässer
in denen du nichts wagst und gewinnst.

Der Anfang ging treulich mit dir
du sitzest am Tische und sinnst
spielst mit Frage und Antwort. Der Würfel
verweigert die große Sechs.
Und wieder beginnt er ganz unten und klein
dein Glaube - das zarte Gewächs.

Die Dinge sind manchmal gesprächig
verraten mir ihr Latein
so geschah es ganz überraschend
mit einem Kieselstein
den ich entdeckte im plätschernden Bach.

Er lag ganz still, ließ sich über - und überspülen
und glitzerte fröhlich dabei
war er doch einer von vielen
es so deutlich zeigend, sein Konterfei.
Da war mir, als ob er mich riefe
aus einem ganz anderen Land
ich griff beherzt in die Tiefe
und er schlüpfte mir schnell in die Hand.

So erfuhr ich seine Geschichte
die einer so weise gelenkt
einst Stäubchen vom steinernen Riesengewichte
hatte er sich an das Wasser verschenkt.
Die schroffe Botschaft der Klüfte
wo war sie geblieben
ich fragte ihn Haut an Haut
die Antwort, so glatt beschliffen
deutete in die Lüfte
dort, wo einem jeden Gelehrigen
die Sprache der Wandlung blaut.

Es ist ein kleines Stückchen Wiese
von der ich sommers doch weiß
dass sie all das Kriechen, das Schaffen
und Summen ganz leis
in ihrem Schoße versammelt
zur Schöpfung der Stillen und Stummen.

Das Alphabet der Käfer und Grillen
lässt sich nicht mit Lärmen erfüllen
verkündet sich nicht mit Trompetenstoß
und ist doch so groß im Kleinen versteckt
will nichts anderes
als ein Zirpen und Brummen.

Was hat mich, Mensch, denn erschreckt
dass ich aufstehe aus meinem So-sein
und immer das andere will:
Können wollen, was ich nicht kann
sollen wollen, was ich nicht bin
mich verkleiden mit schönem Schein.

Meine Gedanken werden darüber ganz still.
Ist's doch ein unerkannter Purpur, den ich suche
die Arbeitsschürze gehört dazu.
In ihre Taschen heimse ich die Würze
von allem, was ich nicht fasse
was ich kürze und lasse.

Was bleibt, bist immer nur Du.

Wunder
das mir immerzu geschieht
LEBEN
ATMEN
SEIN
Knospe jeder neue Tag
und des abends schon verblüht
Fäden hin und her bemüht
zwischen Ja und Nein

Jeder Flicken unauftrennbar
jede Stelle haargenau
Schwerkraft unbestechlich
der Gewichte
formt den Teppichbau

Du Gespinst
das mir geschehen
Haus aus Gnade
Goldgewirk
anders nicht
und nur als Lehen
weiß ich mich in dir zu sehen

Spiegelbild
verschlungener Pfade.

Was kann ich wissen
was soll ich wissen
frag ich den Zweifel
den ich selber baue
den ich mir mühsam
aus dem Staube schaue
all des Zerbrochenen
das mir geschah.

Was kann mir werden
aus dem Stück um Stück genommen
es ist wohl nur noch dieses Maß:
die Kraft von Pferden
mit der man festlegt, was gewonnen
und was ein viel zu Schneller wohl vergaß.
Wo ist das Maß von deinem Maße
die Einheit, die nicht menschgemacht?
Ist es die schmale Einbahnstraße
ist es die sternenleere Nacht?

Wenn jede Hoffnung mir zusammensackt
dann weiß ich mich in dir verpackt
mit allem, was dazu gehört
und ist da nichts mehr, was uns stört
kein Zweifel, keines Wartens wehe Antwort
kein Lug und keiner Wahrheit Abgesang
ist nur, dass ich mit einem Engel rang
und unterlag.

Korn vom Korne, ich
der ich inmitten
ahne, die Mühle ist nah.
Stolze Gestalt einst, gedacht in den Speicher
nun zusammengelitten
viel Steine ich sah.

Wandel und Wehe
und immer die Frage
des Woher und Wohin
ich sehe und sage
im Jetzt und im Nun
was ich bin.

Was ich bin
und was ich zu werden ersehne
ich verspreche mein großes JA
ist doch immer das Morgenrot in der Schwebe
über den Steinen all
die ich sah.

Im Frühlicht betrachte ich meine Hände
sinne darüber - der Tag beginnt
sind es heute gefüllte Schalen oder wehrende Wände
vertraun' sie zu streuenden Samen achtlos dem
Wind?

Sind sie Werkzeuge, Hammer und Zange
zu klopfen, zu kneifen den Widerpart
oder sind sie, so frage ich bange
mühsam gewachsene Streifen
die mich festhalten wollen
im lähmenden Muster der Gegenwart?

Aufbruch ist doch Wagnis der Füße
bleiben die Hände am Ort
der ich bin?
Stickend das Tuch, in dem sich das Innerste sagt:
Urwort
Austausch des Tu'ns um den Sinn.

Leben - mein Leben, das Werk deiner Hände
so überfließend ob meinem Versteh'n
O lass es, dies ewige Weben
Faden um Faden gnädig gescheh'n.

Du Gott der Kreisenden um eine Mitte
bin Geist von deinem Geist ich doch
und immer Schritt von deinem Schritte
den du mir auflegst als dein sanftes Joch.

Und weiß ich doch von keinem Zaune
den du mir widerstellst
und war nie noch ein Eisen
in dem du meine Füße hältst.

Auch wenn ich leichten Sinnes springe
kein Weg, kein Steg im Aug'
dann ist es so, wie wenn ich singe
an's Sprungtuch deiner Engel glaub'.

Und wei0 doch von keinem Drahte
durch den deine Botschaft mir kommt
Alleines steht in deinem Rate
spricht so, dass es mir frommt.

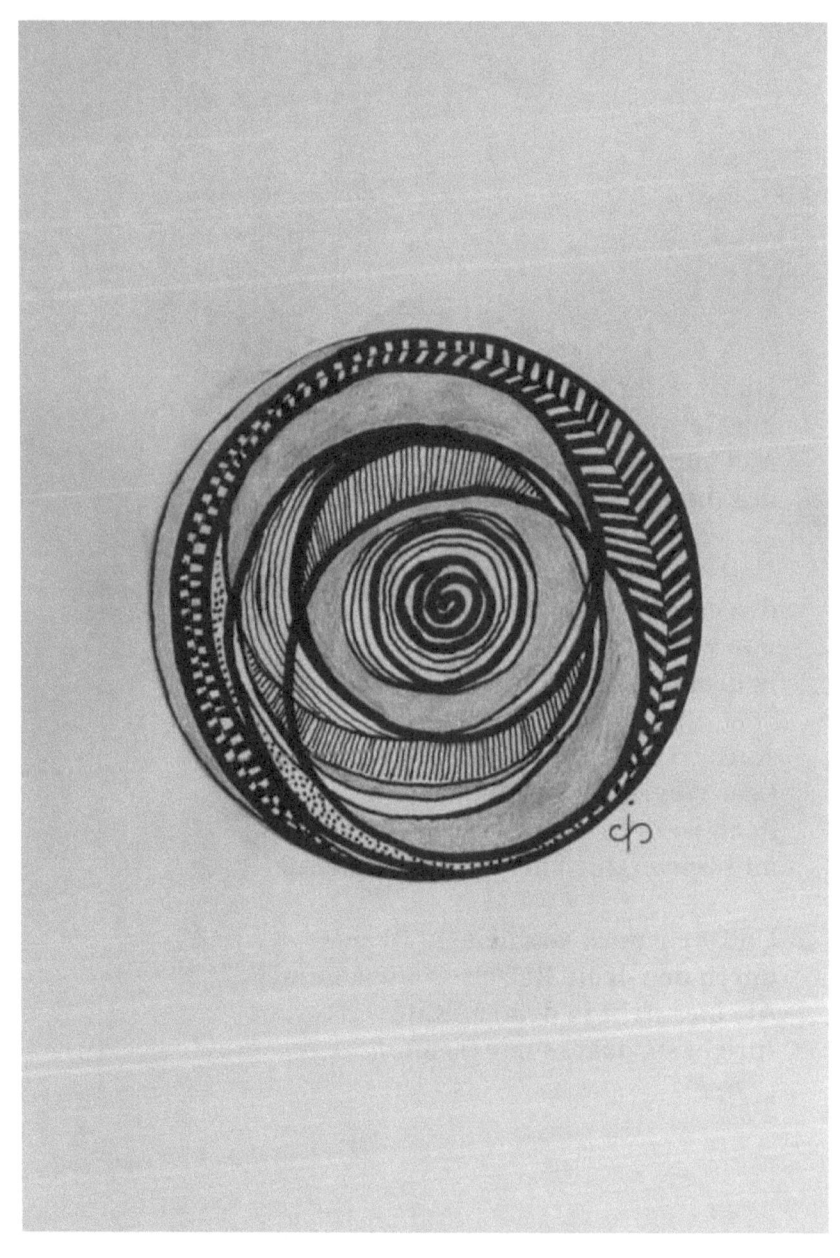

Aufbrechen will ich ins Weite
die Grenze ist nah, liegt mir unter der Haut
dass ich sie singend überschreite
mit verhaltenem Atem, der sich gestaut

ein ungewohntes Lied anstimme
wie ich noch keines je sang
ob auch mein Singen und Summen zittert
über dem neuen Klang

sagt sie doch Mut, den hehren
den ich so lange gespart
bis zu Gewichten, so schweren
zu diesem Aufbruch er ward.

Und ich sehe den Horizont schwinden
fern in die Himmel gehängt.
Drüben, ganz weit, dort will er mich finden
der innerste all meiner Sinne,

der mich so weise lenkt.

Die staubigen, schleppenden Schritte
gleich einer Karawane im heißen Sand
kein Ziel ist sichtbar und keine Mitte
nur ein Stückchen vom äußersten Rand.

Und ist doch nur ein Beschweren
ein Ausbremsen aus gestundeter Zeit
die Wüste will und wird es lehren
was öffnet und was befreit.

Du weißt es und ich weiß es
die Meinung genau geteilt
wo zwei oder drei beisammen
ist einer, der mitten darunter weilt.

Erde, auf der ich lebe
du grüne Gebärerin
der abertausend Wunder
Zeugnis von *einem* Sinn

Die Saat geschieht in der Stille
verheißt: die Ernte ist groß.
der Morgen legt dir die Blüten
der Abend die Frucht in den Schoß.

und über all diesem Keimen
in der einen großen Hand
ist gespeichert ganz im Geheimen
auch mein kleiner Name genannt

Sind gewogen, gezählt die Schritte
verzeichnet im goldenen Buch
ich weiß es, jedes Gesuch,
jede Bitte, ist kunstvoll verflochten

in dem alles umfassenden Schöpfungsgewebe:
Erde, auf der ich lebe.

Die Spuren, nach denen ich suche
gräbst du mir nachts in die Hand
wie in ein unbetretenes Land
wo im Dunkel die Anfänge keimen
still, noch ganz im Geheimen
gleich einem verschlossenen Buche.

Die Blicke aber, die lesen wollen
brechen auf in das Ungewohnte
entdecken es hier und dort.
Im segnend gesprochenen Wort
oder am Grunde der Bettlerschale
wo sich mit einem Male

versammelt das Schweigen der Antwortlosen
das vom Mühlstein spricht, dem Verwandler
und vom Schöpfer der duftlosen Rosen
nur seiend um keinen Gewinn
nur Atem vom größeren Atem
im Wachsen zur Mitte hin.

Du steiler Weg, der mich erwählte
der mich so packte, der mir kam
du warst es, der das ungezählte
das zage Jawort mir vom Munde nahm.

Doch ich erkannte nicht
die Tore waren mir verschlossen
ich stand - oft rüttelt' ich daran
der Schlüssel, den ich endlich fand
war Warten, war mein Hoffen
nun plötzlich stand da alles offen
und ich in einem unbekannten Land.
Die Füße taub, sie wollten noch nicht gehen
sie strebten nur ganz unbeholfen von mir fort

Den Weg, er war mir nun geebnet
betrat ich staunend
jetzt als Pilger
der sich erschweigt die Ankunft und den Ort.

Ich warte - und warte auf alles und nichts
es ist Stehen. An mir vorbei
ziehen Wolken dunklen Gewicht's
sie bergen mein All - und Einerlei

sie bergen mein Sinnen über den Sinn
mein Verteufeln und meine Not.
Aus dem Tränenregen fließt der Gewinn
und ich werf' in den Abgrund das Lot.

Warten ist nicht die stockende Zeit
die doch rinnt wie der Sand in der Sanduhr
es ist nicht verlorene Ewigkeit
nicht das Rad, das verfehlt seine Spur.

Warten ist Loslassen und ist Tun
ich öffne die Hand und sie füllt sich
ganz umsonst. War es vergeblich?
Ich seh' es, die Frucht, sie ist reif nun.

Unergründliche Mitte
die mein Geheimnis du bist
bin ich von dir in Liebe umarmt
oder bin ich der, der sich vermisst?

Ich spüre in meinen Adern ein Wandern
ein Ziehen, dem Heimweh nah
es ist nicht die Ferne, es sind nicht die andern
es lockt nicht, was ich einst sah.

Und ich höre manchmal in Nächten die Stimme
die rufende, Schwester der Zeit
Abkunft und Ankunft über Stationen
auf dem Blanko der Ewigkeit.

Mein Weg, ich weiß es nun ganz gewiss
führt mich nicht nach Irgendwo hin
öffnet sich überraschend täglich neu
einzig zu dir, dem ich gehöre und bin.

Lektionen über Lektionen
was fragen mich all die Müh'n
in dem umzäunten Garten
wo die Klausuren blüh'n

bin ich denn immer noch in der Schule
hört das Lehren und Lernen nicht auf?
Es ist die stetig kreisende Spule
ist des einen Fadens Lauf.

Ich suche die Antwort in den Spuren
einst überdeutlich, nun aber blind
die von all dem labyrinthischen Gehen
übrig geblieben sind.

Und ich suche die Lehrer, die alten
die Meister, von denen ich weiß
dass sie ihre Weisheit erhalten
von dem ewig sprießenden Reis

Und ich lerne vom Wasser das Fließen
von den Steinen lern ich die Ruh'
nie wird sich die Quelle verschließen
diese Öffnung tut niemals sich zu.

So, wie ein Baum an Wasserbächen
strecke ich meine Finger wie Wurzeln aus
von deiner Wandlung Wein zu zechen
trunken zu sein bis oben hinaus

Von deinen Wundern zu zehren
wie ein Dürstender, dem Verdorren nah
mich zu senken in deine kraftvolle Erde
da du immer noch sprichst: ES WERDE

und es bereit hältst für jeden
dein großes, dein rettendes JA.

Wer bin ich denn - bin ich dies oder das?
Es ist doch ein Wie, ein Wo, ein Was mit im Bunde.
Die Antwort kommt nicht aus Menschenmunde
und ich spüre sie nur ganz blass.

Da sieht einer, ich lege mich fest in Quadraten
und das passt nicht, sagt er, bin doch einer, der kreist
so laufe ich meine Runde, manchmal in Raten
als der, dem man den Sieg verheißt.

Wer bin ich, frage ich wieder und wieder
bin ich frei oder von einer Leine bestimmt
stecke ich im Korsett, im engen Mieder
das mir den Atem nimmt?

Wer oder was ist in jeglichem Tun
in allem, was mich bewegt?
Ich weiß, ist einer, bei dem meine Fragen ruhn
der sie in alle Silben und Lettern zerlegt

und anschaut
wie einen kostbaren Ring
ihn bindend an den
der ihm traut.

Du darfst nichts Großes erwarten
etwas Großes gibt es nicht mehr
das sagte einer der klein war
bis obenhin zugeknöpft.

Er wusste nichts von dem Brunnen
aus dem man lebendiges Wasser schöpft
und erkannte nicht die Helle, die ihm schon zugetan
er trat nur auf der Stelle und hielt seinen Atem an.

Aber dann geschah es,
dass sein enges Hemd ihm zerriss
dass das Licht, das schon unter der Haut war
ihn aus den Schatten verwies.

Und ich sah seine Augen erleuchtet
wie Straßenlaternen es sind
für die, die im Dunkeln gehen
wie er - ein verirrtes Kind.

Und er sagte, ich weiß es
weiß jetzt erst, wo ich war
aber nun gehe ich nur noch nach Hause
zu dem, der so wunderbar

der die Wege in seiner Hand hält
wie Fäden, für jeden den seinen
und das ist mir nun gewiss
für niemanden keinen.

Was ist das mit diesem Suchen
dem das Finden doch zugesagt
bin wohl einer von den Blinden
an denen der Zweifel nagt.

Es geht nicht um die Dinge
die mich überlaut umkreisen
es geht nicht um dies und das.
Sind es die Stimmen, die wissenden, leisen
ist es ein Spiegelglas?
Es sind nicht die verweigernden Schilder
auf denen "Verboten" steht
es sind nur die Bilder, die zeigen
wie einer über das Wasser geht.

Und wenn die Wege, sich kreuzend, zerschnitten
und ich weiß es abermals nicht - wohin?
Dann weiß ich doch jetzt, inmitten
ist der, der mir sagt. Ich bin.

Du, mein Bruder
was ist das, ein Bruder sein
einer dem anderen Leib und Seele
sich zu verdingen dem Augenschein
wie sehr er die Wahrheit verfehle.

Was ist das, die Wahrheit
mein Bruder, du
du hast sie gelebt und du weißt es.
Ich frage als einer mit nur einem Schuh
der zweite, er fehlt, und das Gehen ist schwer
halb barfuß und mein Hoffen so leer

Ich brauche wohl nur einen Schimmer
für jetzt, für den Vorlauf, den nächsten Schritt
danach erbitte ich mehr und mehr
und ich weiß es, du gehest ja mit

du zeigst mir den Weg, bleibst genau in der Spur
das Gehen ist schwer so allein
aber nun spür ich es deutlich, wir sind zu zwein
und wir sind es, wir sind es für immer.

Die Brücken, die sich mir bauten
ihre Pfeiler waren aus Glas?
wurden krank, sie zerbrachen
und keine von ihnen genas.

Und in die Trümmer, die Scherben
da passte kein Gruß, keine Hand
ich frage: wer und wo sind die Erben
von deinem geliebten Land
wo sie einst standen
zu Asche geworden nun.

Es ist ja alles vorhanden
doch oft so vergeblich das Tun.
Die Steine genau beschliffen
gemischt ist der Beton
es ist wie mit den Schiffen
versponnen wie im Kokon
die im Hafen verankert liegen
als wären sie bereit zur Ausfahrt
in Ozeane, die warten
wann wird das nun alles und endlich starten
du Herr meiner Tage
der du auch über den Kapitänen,
den Wassern, der Zeit.

Du schreibst mir täglich
und dein Brief ist verschlüsselt genug
doch die Stille, sie sagt mir, was sonst unsäglich
die Stille - sie ist sehr klug.

Du malst mir deine Bilder
tief unter meine Haut
dort blühen sie herber und wilder
als brennendes Nesselkraut

Blühen wie Holderblust und Minze
und manchmal duften sie auch.
Bin ich der Kunz oder bin ich der Hinze
den du verwechselst, denk' ich oft auch
oder der bunte Gartenzwerg unter dem Strauch
der seine Arbeit ganz heimlich tut und gemächlich
meist tut er sie in der Nacht.

Ich weiß, deine Augen sind unbestechlich
denn alles was ist, ist aus dir gemacht.

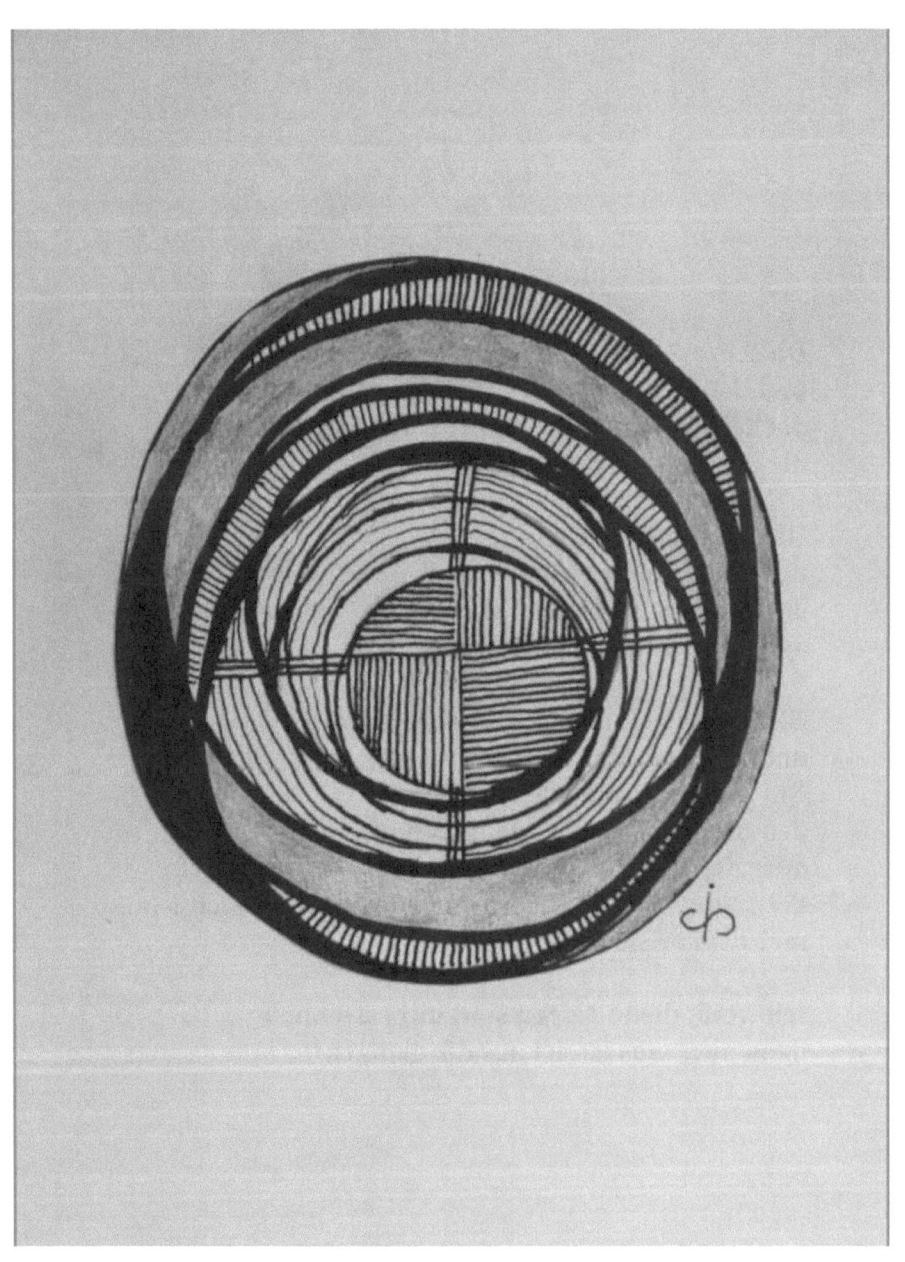

An deines weiten Mantels Saum ich hänge
an einem Stückchen vom wärmenden Tuch.
Bist . ach - du ein Frierender? Ich verdränge
dies Bild wie einen Fluch.

Mein scheues Tasten nach deinem Kleide
um ein winziges Fetzchen von diesem Geweb'
es würde sein ein kostbar Geschmeide
dass es meine bittere Armut beleb'.

Mich zu einem Hungernden mache
der es ergreifet mehr und mehr
dies Wissen, dass du es weißt, ob ich wein' oder lache
und meine Zweifel bekehr'.

Und ist doch nur Luftgespinst, dieses Sinnen
die Wahrheit sieht anders aus.
Ich muss mein Denken ganz unten beginnen
beim Fundament, du bergendes Haus

du Zelt in der Wüste, in Sand und Dürre.
Ist ein Stückchen Stoff doch zu wenig
dass der Glaube im Winde nicht wankt und irre
du mein Fels, mein Eckstein und König.

Nur Stein vom Steine
und weniger nicht
das ist es, um das ich oft weine
und du, Schweigender, Stille und Wille

bist die Waage und bist das Gewicht.

Ich lerne dich und mich
in deiner höchsten Schule
und weil du schwer bist
lerne ich allein.

Es darf nicht sein
dass ich um leichteres buhle
leicht ist nicht leicht
es stellt mir nur ein Bein.

Du bist der Lehrer von der Klasse
die niemals freigibt was sie sich erwarb
wenn ich dann einst in deine Prüfung passe
wird das die Ernte sein, was mir erstarb.

Und was ich hergab, losgelassen
das seh' ich in solchem Licht
ich kann es mit meinen Augen nicht fassen
diesen Glanz um dein Angesicht.

Die Geschichte von der Schale
die erzähle ich so gern
musst ich sie doch erst zertrümmern
um das Wunder, um den Kern.

Ach, wie wähnt ich ihn empfindlich
schwang den Hammer bang
glaubte ihn noch immer kindlich
eines Kernes Leben lang.

Doch als er befreit nun
mir ganz keck vom Tische hüpft
weiß ich nun doch etwas besser
wie den Hut man lüpft.

Nicht devot und nicht erbötig
bin doch keines Menschen Kern
Hammers Schlag ist nicht mehr nötig
ich gehöre meinem Herrn.

Du fragst mich täglich
wer und was er sei, mein Friede
doch was er kostet fragst du nicht.
Ich weiß, er ist die Krone auf dem Haupt Verzicht.

Man kauft ihn nicht in Billigtüten
er geht gerecht und still vorbei an den verfrühten
Versuchen des Gerichts
und sieht die Schuld
wie Kronen eben sind - stets oben
in deine gute Hand verschoben
getilgt, gelöscht wie eines irren Lichtes Feuer.

Und dieser Friede ist nicht teuer
er kostet nur mein kleines ICH

Vergangen - ach - vergangen
es ist nicht plötzlich aus der Welt
hat alles einmal angefangen
war Ursprung, Quelle, war der Fluss
der sich dem Meere zugesellt.

Nichts ist verloren, ist gefallen
aus dieser hastig rinnenden Zeit
was einmal war, es ist in allen
ist sich ständig erneuernde Ewigkeit

Ist Wandel und ist Bleiben
und du erkennst es nicht.
Es sind die abgeschnittenen Scheiben
der Jahre in neuem Licht.

sind die Zellen in deinem Blute
die blühen und vergehen
es ist die eine verordnete Route,
ist Sterben und Auferstehen.

Die Spuren im Sand, die ich trat, sind verwischt
im Winde da hänget mein Lied
das Bild, gemalt auf die Nebelwand
verbleicht, weil keiner es sieht.

Vergeblich - vergeblich, raunet mein Herz
und klaget und fraget: Wozu?
Ins Nichts werfe ich meine Zweifel, den Schmerz
doch die Antwort bist immer nur DU.

Du bist das Brot, das ich füglich esse
und sei es gebacken aus Harm
du bist die Trübsal, die bald ich vergesse
ist deine Hand doch so warm.
Du bist das Heilen und bist die Wunde
mir geschlagen ins trotzige Fleisch
du bist das Saatkorn, die pünktliche Stunde
wo es aufgeht in mir
dein Reich.

Kelch der Lilie, Kelch der Rose
des großen Gärtners Ebenmaß
verschwistert seid ihr in dem Lose
so schön zu stehen
bei Kraut und Gras.

Tief aus dem Innen steigt des Duftes Sage
und hebt sich trunken himmelan.
Ist das des Seiens Sinn? Ich frage
wer bin ich, Mensch, mit welchem Kleide
bin ich versorgt und angetan
ist es gemacht aus edler Seide
oder steh' etwa ich ganz steif im Holz?

Mein Spiegel zeigt mir deutlich beide
mehr noch
zeigt tief in meinem Kelch
mir den geheimen Stolz.

Du Allmacht
willst nicht unterwerfen
willst nur ein Kreisen
in dem unsichtbaren Ring
wie um ein Pünktchen,
um ein federleichtes Ding
das mich besitzt und freilässt
um zu reisen
so, wie ein Weiser zu dem Weisen ging.

Und dieser Gang
er hat kein Ende
ist Wandern ohne Unterlass
ist Schritt um Schritt und Stolpern manchmal
ich verschwende all meine Tage
an dies eine Maß.

Weite, unfassbare Weite
das ist Unendlichkeit.
Meine Augen, staunende Vögel
durchkämmen die zeitlose Zeit
durchpflügen das Land
durchschwimmen die Meere
doch Ankunft ist nirgend und nie.

Rund ist der Kreis
und allem Begehre
leiht nur die Sehnsucht Regie
sie sucht die Mitte
den Ort aller Orte
verweigert verkümmerten Gang
ihr Schweigen steht über dem Worte.

Wo bin ich ? - frage ich bang.

König sein und Turm und Wolke
kein Widerspruch ist mir zu groß
um meiner Sehnsucht Kleid zu spinnen
oder um sie, die meines Lebens Los
ins Bild zu bannen - sei es nackt und bloß.

Sie ward zur Suchenden geboren
die kühn in meinem Herzen Wohnung nahm
liegt täglich täubend mir in meinen Ohren
legt meine eigenen Wege lahm
malt wilde Striche, große Runden
die ich so deutlich formend spüre
mir über meinen geraden Plan.
Und diese Runden sind wie starke Schnüre
die eng und enger ziehen ihre Bahn
wie um ein übergroßes Ziel.

Wenn ich dann frage: Ist es weit - noch weit?
Seh' ich sie lächeln, hör' sie flüstern.
Und ich verstehe immer noch nicht viel.

Inhalt

Zeitfracht Medien GmbH
Ferdinand-Jühlke-Straße 7
99095 Erfurt, Deutschland
produktsicherheit@kolibri360.de